EXTRAIT
DU COMPTE RENDU STÉNOGRAPHIQUE
DU CONGRÈS INTERNATIONAL DES ARCHITECTES.
PALAIS DES TUILERIES. — 3 AOÛT 1878.

ÉTUDE
SUR
QUELQUES MONUMENTS PORTUGAIS,

D'APRÈS DES NOTES

DE M. LE C.te DA SILVA, ARCHITECTE,

MEMBRE DE L'INSTITUT DE FRANCE ET DE LA SOCIÉTÉ CENTRALE DES ARCHITECTES,
PRÉSIDENT DE LA SOCIÉTÉ ROYALE DES ARCHITECTES CIVILS ET ARCHÉOLOGUES PORTUGAIS;

PAR

MM. Paul SÉDILLE ET Charles LUCAS, ARCHITECTES,

MEMBRES DE LA SOCIÉTÉ CENTRALE DES ARCHITECTES
ET DE LA SOCIÉTÉ ROYALE DES ARCHITECTES CIVILS ET ARCHÉOLOGUES PORTUGAIS.

PARIS.
IMPRIMERIE NATIONALE.

M DCCC LXXXI.

# COMPTES RENDUS STÉNOGRAPHIQUES DES CONGRÈS INTERNATIONAUX

## DE L'EXPOSITION UNIVERSELLE DE 1878.

Congrès de l'Agriculture. (N° 1 de la série.)
Congrès pour l'Unification du numérotage des fils. (N° 2 de la série.)
Congrès des Institutions de prévoyance. (N° 3 de la série.)
Congrès de Démographie et de Géographie médicale. (N° 4 de la série.)
Congrès des Sciences ethnographiques. (N° 5 de la série.)
Congrès des Géomètres. (N° 6 de la série.)
Conférences de Statistique. (N° 7 de la série.)
Congrès pour l'Étude de l'amélioration et du développement des moyens de transport. (N° 8 de la série.)
Congrès des Architectes. (N° 9 de la série.)
Congrès d'Hygiène. (N° 10 de la série.)
Congrès de Médecine mentale. (N° 11 de la série.)
Congrès du Génie civil. (N° 12 de la série.)
Congrès d'Homœopathie. (N° 13 de la série.)
Congrès de Médecine légale. (N° 14 de la série.)
Congrès sur le Service médical des armées en campagne. (N° 15 de la série.)
Congrès pour l'Étude des questions relatives à l'alcoolisme. (N° 16 de la série.)
Congrès des Sciences anthropologiques. (N° 17 de la série.)
Congrès de Botanique et d'Horticulture. (N° 18 de la série.)
Congrès du Commerce et de l'Industrie. (N° 19 de la série.)
Congrès de Météorologie. (N° 20 de la série.)
Congrès de Géologie. (N° 21 de la série.)
Congrès pour l'Unification des poids, mesures et monnaies. (N° 22 de la série.)
6° Congrès Séricicole international. (N° 23 de la série.)
Congrès de la Propriété industrielle. (N° 24 de la série.)
Congrès du Club Alpin français. (N° 25 de la série.)
Congrès sur le Patronage des prisonniers libérés. (N° 26 de la série.)
Congrès de la Propriété artistique. (N° 27 de la série.)
Congrès de Géographie commerciale. (N° 28 de la série.)
Congrès universel pour l'Amélioration du sort des aveugles et des sourds-muets. (N° 29 de la série.)
Congrès des Sociétés des amis de la paix. (N° 30 de la série.)
Congrès des Brasseurs. (N° 31 de la série.)
Congrès pour les Progrès de l'industrie laitière. (N° 32 de la série.)

---

AVIS. — Chaque compte rendu forme un volume séparé que l'on peut se procurer à l'Imprimerie Nationale (rue Vieille-du-Temple, n° 87) et dans toutes les librairies, au fur et à mesure de l'impression.

EXTRAIT
DU COMPTE RENDU STÉNOGRAPHIQUE
DU CONGRÈS INTERNATIONAL DES ARCHITECTES.
PALAIS DES TUILERIES. — 3 AOÛT 1878.

# ÉTUDE
SUR
# QUELQUES MONUMENTS PORTUGAIS,

D'APRÈS DES NOTES

DE M. LE Cᵈ DA SILVA, ARCHITECTE,

MEMBRE DE L'INSTITUT DE FRANCE ET DE LA SOCIÉTÉ CENTRALE DES ARCHITECTES,
PRÉSIDENT DE LA SOCIÉTÉ ROYALE DES ARCHITECTES CIVILS ET ARCHÉOLOGUES PORTUGAIS;

PAR

MM. PAUL SÉDILLE ET CHARLES LUCAS, ARCHITECTES,

MEMBRES DE LA SOCIÉTÉ CENTRALE DES ARCHITECTES
ET DE LA SOCIÉTÉ ROYALE DES ARCHITECTES CIVILS ET ARCHÉOLOGUES PORTUGAIS.

SOMMAIRE. — L'architecture en Portugal, par M. DA SILVA : lecture de M. Paul SÉDILLE. — La Société royale des Architectes civils et Archéologues portugais et cinq plans des principales églises du Portugal, par M. DA SILVA : notes de M. Ch. LUCAS.

La séance est ouverte à neuf heures.

Le Bureau est ainsi constitué :

M. UCHARD, architecte honoraire de la ville de Paris, *président.*

M. Mariano BELMAS, secrétaire de la Société centrale des Architectes d'Espagne, *vice-président.*

M. Charles LUCAS, *secrétaire.*

M. LE PRÉSIDENT. La parole est à M. Paul Sédille pour la lecture d'un travail de M. da Silva sur **quelques monuments portugais.**

M. Paul SÉDILLE. Messieurs, il y a huit jours, je recevais de M. le commandeur DA SILVA, architecte à Lisbonne, président de la Société royale des Architectes civils et Archéologues portugais et membre correspondant de l'Institut de France, une lettre dans laquelle il m'exprimait son grand regret de ne pas pouvoir se rendre à Paris pour prendre part aux travaux de notre Congrès, en raison de l'indisposition prolongée d'un de ses fils. Le commandeur da Silva, qui avait l'intention bien arrêtée de venir au milieu de vous, avait préparé en vue du Congrès une étude sur le célèbre couvent de Batalha, en Portugal, et sur la restauration qui vient d'être faite de cet important monument. M. da Silva me chargeait, en conséquence, de le représenter auprès de vous et de vous communiquer, en même temps que son mémoire, certaines explications nécessaires à l'appui. Je n'ai pu me soustraire à l'honneur que notre honoré confrère voulait bien me faire, et, n'ayant eu que très peu de temps pour m'y préparer, je réclame aujourd'hui toute votre bienveillance.

Messieurs, le Portugal doit nous intéresser particulièrement, il est en quelque sorte un peu nôtre; en effet, son premier roi fut Henri de Bourgogne. Cet Henri de Bourgogne était gendre d'Alphonse VI, roi de Léon et de Castille, qui lui fit don d'une certaine partie de territoire située entre le Minho et le Tage, et comprenant la ville de Porto (*Portus Calle*), d'où le nom de Portugal. Un Bourguignon fut donc le fondateur de ce petit royaume. Mais cette origine ne suffirait évidemment pas à nous entraîner vers le Portugal; ce sont les monuments très importants qui existent encore sur le sol de cette contrée qui doivent nous y attirer et nous y charmer.

Malheureusement, le Portugal semble loin de nous et l'on y voyage peu. Quand les artistes se dérobent à la route de l'Italie, qu'ils prennent presque toujours, ils se dirigent vers l'Espagne où ils se trouvent de suite arrêtés par des monuments si rares et si séduisants qu'il leur semble inutile de pousser plus loin.

Quand, visitant l'Espagne, nous arrivons en Andalousie, nous sommes fascinés par les merveilles de Cordoue, de Séville, de Grenade; et bien qu'une journée de chemin de fer soit suffisante pour pousser jusqu'à Lisbonne et que, de là, en quelques jours, non loin de cette ville, on puisse visiter tous les monuments intéressants que possède le Portugal, nous ne le faisons pas. Je reconnais que c'est une grande faute, car la communication de M. da Silva m'a forcé à voyager en Portugal et j'y ai éprouvé un vrai plaisir.

On a parlé beaucoup du beau pays des Espagnes; eh bien! je crois qu'au moins à titre égal on pourrait parler du beau pays de Portugal. En effet, l'Espagne est très nue et très sauvage d'aspect, à part certaines parties du littoral de la Méditerranée et l'Andalousie. Le Portugal, au contraire, semble être, en quelque sorte, une contrée bénie.

Aussitôt que, de l'Espagne, on pénètre en Portugal, on se trouve dans l'Estramadure portugaise, appelée la *Couronne d'abondance du royaume*. La végétation y est magnifique et l'on dit qu'il y règne un printemps perpétuel, c'est-à-dire que les variations de température y sont excessivement rares. C'est là que le Tage devient un fleuve navigable et qu'on peut chanter « ses bords fleuris », ce qu'on ne saurait faire en Espagne où le Tage limoneux coule entre des parois de rochers ou au travers de plaines dénudées.

Dans ce milieu fécond, nous trouverions, en nous rendant de la frontière espagnole à Lisbonne, des villes intéressantes à visiter : Crato, ancien siège principal de l'ordre de Malte en Portugal, où l'on voit une église et un hôpital remarquables; Abrantès, qui possède de belles églises; Santarem, où l'on retrouve de curieux vestiges de l'architecture mauresque au moyen âge.

Mais arrivons à Lisbonne, en portugais *Lisboa*, en phénicien *Alis ubbo*, c'est-à-dire la baie délicieuse. Et, en effet, la situation de Lisbonne est tellement remarquable, que quelques-uns l'ont comparée à celle de Constantinople.

M. Charles Vogel, qui a voyagé en Portugal, dit en parlant de la ville de Lisbonne :

« Les vieilles tours, les castels qui s'élèvent sur les deux rives du Tage, les vastes édifices, les anciens couvents, les palais, les églises avec leurs coupoles, les milliers de maisons et une foule de villas en partie revêtues de plaques de faïence, un cadre magnifique de végétation sur les hauteurs environnantes, tout cet ensemble radieux de lumière s'impose et charme par un aspect que l'on a comparé à celui de Constantinople. »

En effet, de quelque côté que l'on voie Lisbonne, que ce soit des hauteurs verdoyantes qui l'environnent, que ce soit de la mer, Lisbonne offre un panorama magique. Bien que ce soit une ville en quelque sorte neuve, car le tremblement de terre de 1755 en a détruit les deux tiers, on trouve encore, dans certains quartiers hauts, des ruines intéressantes, qui datent de l'époque arabe. Ces ruines, enveloppées d'une végétation abondante, sont, par suite, très pittoresques. La nouvelle ville, reconstruite au siècle dernier, offre d'ailleurs un ensemble d'architecture rococo que notre confrère, M. Pascal, qui a visité Lisbonne, me disait ne pas manquer d'une certaine grandeur.

Mais ce que l'architecte trouve surtout d'intéressant à Lisbonne, c'est, dans un des faubourgs, le fameux couvent des Hiéronymites de Belem.

La fondation de ce monastère remonte à Vasco de Gama. Avant de partir à la recherche d'une route nouvelle vers les Indes, il alla prier la Vierge de bénir son voyage, cela dans une petite église qui se trouvait en ce temps-là à quelque distance de Lisbonne. L'infant don Manoël qui l'accompagnait fit vœu, si l'expédition réussissait, de construire sur l'emplacement de la petite chapelle une basilique sans pareille. L'expédition réussit, et deux ans après, don Manoël, fidèle à son vœu, faisait commencer les importants travaux de l'église de Belem.

Les Portugais sont avec raison très fiers de Belem dont ils considèrent l'architecture comme leur architecture nationale. C'est le style *emmanuelin* du nom du roi fondateur Manoël ou Emmanuel. Bien que procédant encore du moyen âge par la distribution des masses, et de la Renaissance par la composition des détails, cette architecture, un peu surchargée comme l'architecture de la Renaissance espagnole, et qui conserve cependant en quelques parties un parfum de l'art arabe si longtemps dominateur dans ce pays, cette architecture, malgré tant d'influences diverses, reste très particulièrement accentuée par certaines dispositions qui lui sont véritablement propres.

Si vous voulez vous rendre compte, Messieurs, de ce qu'est l'architecture de Belem, il n'est pas absolument besoin de faire le voyage du Portugal. Il suffit d'aller au Champ de Mars, vous y verrez l'exposition portugaise enveloppée par notre cher confrère, M. Pascal, d'une ceinture d'architecture empruntée aux différents monuments du Portugal. M. Pascal a élevé sur la rue des Nations, comme frontispice de cette section, une des portes principales de l'église de Belem. Sur la façade en retour, du côté des Pays-Bas, M. Pascal a développé, en trois parties, différents motifs d'architecture empruntés également à d'autres monuments du pays.

Dans la première partie, se trouve la reproduction de quelques travées du cloître de Belem; dans la seconde, une reproduction analogue du cloître de Batalha et, dans la troisième, une suite d'arcatures plus fantaisistes, mais toujours inspirées par l'architecture locale.

Tout d'abord, cette décoration semble si vraie, si photographiée, en quelque sorte, si bien reproduite, qu'on croit se trouver en présence de simples moulages pris sur les monuments et juxtaposés. Eh bien! il n'en est rien. Je me permets, Messieurs, d'insister sur le mérite tout particulier du travail de notre excellent confrère. M. Pascal avait cru, en effet, que, pour décorer le mieux possible la section portugaise, il fallait faire appel à l'architecture si intéressante de ce pays et la faire ainsi connaître aux Parisiens, comme aux visiteurs de la province et de l'étranger. Il pensait avoir à sa disposition des moulages qui lui permettraient de réaliser rapidement, économiquement, son travail; mais il n'en fut rien : les moulages n'existaient pas. Pour les faire, il fallait un temps considérable et, de plus, beaucoup d'argent. Le temps était précieux, on devait le ménager comme l'argent, et M. Pascal dut renoncer à ce système. De plus, il fallait compter avec les échelles différentes de ces monuments, cloître de Belem, cloître de Batalha, et autres monuments auxquels M. Pascal devait emprunter les motifs de sa décoration. Ces monuments n'étaient certainement pas à la même échelle, et surtout ils étaient tous à une échelle trop grande.

Il a donc fallu que M. Pascal, après avoir visité, il est vrai, mais très rapidement le Portugal, fît des ensembles au dixième, et qu'au moyen de photographies et de deux ou trois estampages qui lui avaient été envoyés de Lisbonne et qui lui donnaient, mais très imparfaitement, le caractère de l'architecture, il reconstituât toute cette architecture.

Eh bien! en parcourant les photographies que je mets ici sous vos yeux, vous verrez que M. Pascal s'est assimilé d'une façon étonnante, parfaite, l'architecture de ce pays, et cela, avec toute la liberté, toute la souplesse qu'elle comporte.

M. Pascal n'a pas seulement enveloppé l'exposition du Portugal dans cette architecture si caractérisée; il a élevé, dans le voisinage du palais, un pavillon destiné plus particulièrement à abriter les produits des colonies portugaises. Dans ce pavillon, M. Pascal nous fait voir un spécimen ou un fac-similé, pour mieux dire, d'une décoration très commune en Portugal : je veux parler des carreaux de terre cuite émaillée qui recouvrent un grand nombre de bâtiments. Ainsi, à Lisbonne par exemple, presque toutes les maisons particulières, les riches comme les pauvres, sont décorées non seulement à l'intérieur, mais aussi à l'extérieur, de carreaux de terre émaillée, qui depuis la base jusqu'au faîte couvrent entièrement les façades et miroitent au soleil. C'est d'un effet étonnant, et Lisbonne vue de la mer présente, grâce à sa disposition en amphithéâtre et à cette parure étincelante, un spectacle saisissant qu'on ne saurait trouver nulle part ailleurs.

Or, dans ce pavillon des colonies portugaises, vous retrouverez ce système de revêtements extérieurs en carreaux de terre émaillée. Tous les dessins de ces carreaux émaillés en bleu, en marron, en vert, en jaune, ne sont malheureusement qu'une reproduction économique par la peinture vernie; mais, relevés sur place par M. Pascal, ils ont tout au moins l'intérêt de l'authenticité.

Aux environs de Lisbonne, au milieu d'une végétation luxuriante, s'élèvent un grand nombre de maisons de plaisance ou *quintas*, comme on dit en portugais. Particulièrement, dans des sites admirables chantés par lord Byron, le palais de Cintra et celui de la Penha offrent, dans un amoncellement de constructions bizarres mais pittoresques, des détails curieux, de beaux restes d'architecture arabe, et encore des décorations splendides en carreaux émaillés.

A Mafra, se trouve l'Escorial des rois de Portugal; c'est tout à la fois une église, un palais et un couvent. Pour décorer cet escorial fameux, les rois de Portugal firent à l'envi appel à toutes les contrées de l'Europe.

L'église est particulièrement somptueuse, et les ornements du culte sont d'une richesse incroyable. La tradition dit que, pendant treize ans, 20,000 à 25,000 ouvriers travaillèrent à ce palais; que 2,500 chariots étaient sur les routes, transportant les matériaux; si bien qu'après cette dépense inouïe, Mafra était splendide, mais le Portugal était ruiné. Le roi de Portugal João V qui l'avait élevé recevait, il est vrai, du pape Benoît XIV le titre de Très Fidèle; mais, à sa mort, il n'y avait pas 100 cruzades dans les coffres de l'État.

En remontant vers le nord, dans la direction de Porto, on rencontre Caldas da Rainha, c'est-à-dire les Bains de la Reine. Je prononce sans doute très mal le portugais, mais j'espère que personne ne le sait ici, et qu'on ne s'aperçoit par conséquent pas de l'imperfection de ma prononciation. Il y a là des sources sulfureuses dont la réputation remonte au xv$^e$ siècle. On y voit aussi une église très originale de 1509, qui, par suite des tremblements de terre et des affaissements successifs du sol, se trouve presque enterrée; car il y a toujours, paraît-il, dans ce pays, certains petits mouvements qui indiquent un danger constant. Au delà, sur un sommet, Obidos, jadis un des boulevards de la domination arabe, apparaît, encore aujourd'hui, enveloppée de hautes murailles. Un voyageur dit qu'Obidos est restée une ville du moyen âge. Il semble qu'elle se soit endormie pendant plusieurs fois cent ans, et qu'en passant on la réveille dans son accoutrement du xii$^e$ siècle.

On y compte sept églises avec de beaux tombeaux, de nombreuses tours et les vestiges d'un magnifique palais construit par les Goths.

Nous arrivons à Alcobaça, ville autrefois importante, ruinée aujourd'hui; mais son monastère, par ses dimensions considérables, — et quand je dis monastère, je veux dire cloître, église, etc., — indique son ancienne splendeur. Un écrivain portugais, célébrant le monastère d'Alcobaça, a dit : « Les cloîtres y sont des villes, la sacristie une église et celle-ci une basilique. »

Le monastère fut fondé en 1148 par le roi Alphonse Henriquez, à l'occasion de la grande victoire du Campo d'Ourique qui assura la fondation de la monarchie portugaise. Selon son vœu, il donna aux religieux de Cîteaux qu'il y avait appelés tout le territoire que l'œil pourrait embrasser du sommet de la tour la plus élevée. Le monastère étant sur une hauteur, la vue s'étendait de là jusqu'à l'Atlantique; aussi le roi fit-il les religieux princes de la terre, de la mer et de l'air, en leur assurant d'immenses droits féodaux.

L'intérieur de l'église est d'un style gothique simple et grandiose. Le cloître du milieu, dit le cloître du roi Diniz, est une merveille d'architecture. Mais la plus grande richesse de l'église d'Alcobaça, ce sont ses tombeaux. On y trouve ceux de plusieurs générations de rois. Les plus remarquables sont ceux d'Inèz de Castro et de son royal amant, don Pedro. La tradition dit qu'on les avait ensevelis pieds contre pieds, de telle sorte qu'au jugement dernier, en se relevant, leur premier regard fût un regard d'amour. Malheureusement, les révolutions ont passé par là; leurs sépultures ont été violées au commencement du siècle et pendant quelque temps les restes d'Inèz de Castro et de don Pedro « le Justicier » furent abandonnés sur les dalles de l'église. Il appartint à un de nos compatriotes de rassembler ces ossements épars, de les replacer dans les sarcophages et de leur rendre de pieux devoirs. Ce compatriote était M. le baron Taylor, qui visitait le Portugal en 1835.

Il faut, paraît-il, des heures pour visiter et parcourir les six cloîtres du couvent d'Alcobaça. Ces six cloîtres contenaient des appartements pour 999 moines. Je ne sais pourquoi ce chiffre de 999, je n'ai pas eu le temps de m'en enquérir. Aussi, vous pensez s'il fallait une cuisine. Cette cuisine mériterait une description; c'est un véritable monument, au milieu duquel s'élève une cheminée pyramidale. Autour sont disposées quatre tables en pierre de 10 mètres de longueur : l'une destinée aux viandes, l'autre au poisson, la troisième aux légumes, la quatrième aux fruits. Mais s'il faut manger, il faut aussi boire, et il y avait à Alcobaça un cellier digne de la cuisine. Il contenait 40 tonneaux énormes, représentant 700 barriques de vin. Aussi l'architecte anglais Murphy, qui voyageait en 1789 en Portugal, s'étonne-t-il avec raison que les moines, qu'il croyait absorbés par l'étude et par la prière, n'aient pas une bibliothèque d'une importance en rapport avec cette cuisine et ce cellier. Il ne trouva, dit-il, dans le monastère, qu'un cabinet contenant moins de livres que le cellier de tonneaux.

Nous voici enfin arrivés à Aljubarrota, petit bourg situé à l'entrée d'une vallée pittoresque. C'est là que le roi don Jean I$^{er}$ vainquit les Castillans le 15 août 1385; c'est en souvenir de cette victoire, et pour accomplir le vœu qu'il avait fait, que le roi fit élever le magnifique couvent dont nous allons parler.

Ici, Messieurs, je laisse la parole à notre honoré confrère, M. da Silva, et vous donne lecture de son mémoire, vous priant de ne pas oublier que c'est un confrère portugais qui s'exprime en français.

I.

« La fondation de ce grandiose édifice religieux a pour origine un vœu fait à la sainte Vierge en 1385, par le roi don Jean Ier, d'élever un temple et un monastère dans le cas où il serait victorieux des Espagnols menaçant l'indépendance de son pays.

« Le roi don Jean Ier de Castille, croyant avoir droit à la couronne, vint attaquer le roi portugais avec une armée de 30,000 hommes, comptant dans ce nombre 8,000 soldats de cavalerie, tandis que l'armée portugaise était à peine composée de 6,500 hommes, y compris 1,600 de cavalerie. Le 15 août 1385, au commencement du jour, la petite armée portugaise était postée dans une plaine tout près de l'endroit d'Aljubarrota, attendant l'ennemi, qui arriva à l'heure de midi, descendant la pente d'un mont du côté de cette plaine. Le soleil faisait briller les armures et les lances de tant de combattants qui, pour le plus grand nombre, étaient des nobles de Castille. Ce qui augmentait encore l'ardeur de ces derniers à en venir aux mains, c'était la vue d'un ennemi si faible en nombre et inférieur aussi par la mauvaise qualité de son armement. La mêlée des deux armées fut horrible. Les Castillans, se fiant sur le grand nombre de leurs soldats, croyaient tailler en pièces, dès le premier choc, un ennemi si peu nombreux; mais au moment où, les deux armées combattant corps contre corps en lutte mortelle, nos soldats commençaient à rompre leurs rangs à cause du nombre extraordinaire de leurs adversaires, le roi portugais, tenant son épée levée, ouvre un passage au centre de l'armée ennemie, aux cris de : Portugal et saint Georges! et, suivi de ses nobles guerriers, il met en déroute les soldats du roi de Castille, leur causant la plus grande frayeur par cet acte d'intrépidité et mettant le complet désordre dans leurs rangs. Les ennemis, tout à fait désorientés, ne lui disputent plus la victoire et prennent la fuite avec leur roi. Le champ de bataille resta jonché de cadavres, et les auteurs castillans ont calculé le nombre de leurs soldats morts à 10,000. Cette éclatante victoire de la bataille d'Aljubarrota est consignée dans l'histoire du Portugal comme le plus glorieux exploit militaire de la nation. »

Messieurs, il ne reste plus rien d'intéressant à Aljubarrota, si ce n'est un souvenir de cette bataille : c'est une pelle de boulanger scellée dans le mur de la façade de l'hôtel de ville. On dit qu'une femme courageuse se servit de cette arme nouvelle pour assommer six Castillans qu'elle jeta ensuite dans son four.

II.

« Le roi don Jean Ier voulut tout de suite exécuter son vœu en faisant bâtir le superbe monument d'un si mémorable souvenir à l'invocation de *Notre-Dame de la Victoire*, et cet édifice a mérité, par son architecture et sa perfection artistique, la célébrité parmi les monuments somptueux du moyen âge.

« Tous les connaisseurs d'architecture qui ont visité ce monument de Batalha sont d'accord à le regarder comme un des types les plus parfaits de l'art ogival en Europe. En effet, l'élégance et la noblesse de sa composition, l'harmonie de ses lignes, la beauté et le choix de ses ornements, ainsi que la perfection de son exécution, donnent à cet édifice un charme infini, en même temps qu'ils excitent l'admiration. On peut dire que c'est le plus complet spécimen d'architecture gothique du Portugal.

«La façade principale de cet édifice est de toute beauté, même dans son agréable simplicité. L'architecte ne l'a pas surchargée d'ornements superflus, comme on avait l'habitude de le faire dans le plus grand nombre des constructions gothiques, souvent pour masquer le défaut de proportions ou la négligence de conception artistique; mais, au contraire, l'habile artiste a su décorer avec mesure et intelligence la porte principale et les fenêtres voisines, sans toutefois négliger les murs correspondants des nefs, et rehausser l'élégance de la façade du temple, en conservant néanmoins à l'édifice son caractère de simplicité noble et majestueuse.»

M. da Silva ne nous dit pas, Messieurs, quel fut l'architecte de ce monument. C'est qu'en effet il semble qu'il y ait incertitude sur l'auteur de ce bel édifice dont vous pouvez voir exposées ici quelques photographies. Jack Murphy, dont je vous parlais tout à l'heure, qui visitait en 1789 et 1790 le Portugal et qui a laissé de son voyage un ouvrage très estimé, trouve une grande ressemblance entre l'architecture de Batalha et celle de certaines églises anglaises. On a particulièrement comparé Batalha à la cathédrale d'York; mais on ne saurait cependant comparer ces deux monuments que comme caractère d'architecture; car York possède une tout autre ordonnance. Il y a particulièrement à York deux tours qui caractérisent la façade. Eh bien! en raison de ce rapprochement possible entre l'architecture anglaise et l'architecture du couvent de Batalha, rapprochement que faisait également un autre architecte anglais, William Beckford, qui, dans une relation de voyage fait dans ce pays en 1835, dit que Batalha lui rappelle l'église de Winchester; en raison, dis-je, de ce rapprochement possible, Jack Murphy pensait pouvoir attribuer la construction du couvent de Batalha à Étienne Stephenson, architecte anglais. Ce qu'il y a de certain, c'est que Jean I$^{er}$ fit venir un grand nombre d'architectes de tous les pays, pour les consulter sur le monument sans pareil qu'il voulait élever. Mais auquel donna-t-il la préférence? Les pères Cacegas et de Sousa, qui ont raconté l'histoire de Batalha, n'ont pas dit le nom de l'architecte. Quoi qu'il en soit, on comprend que les Portugais revendiquent la nationalité de l'architecte et attribuent cette œuvre grandiose à un nommé Alfonso Henriquez, de Lisbonne. Mais son successeur fut évidemment Matteo Fernandez, si bien que son buste se trouve encore dans une salle du chapitre dont il a construit la fameuse coupole.

Je continue, Messieurs, la lecture du mémoire de M. da Silva:

«La grande fenêtre placée au-dessus du portail, en place de rosace, est un travail d'une extraordinaire beauté. Cette partie de la façade est terminée par un attique de jolie et très délicate broderie ouvragée dans la pierre, et flanquée de pyramides ornées de crochets. Aux deux côtés du portail, il y a deux contreforts décorés très simplement et terminés par des pyramides semblables.

« Les façades latérales sont aussi couronnées de galeries et d'une frise d'ornements délicats à jour, d'un effet admirable.

« La nef centrale est percée de seize charmantes fenêtres, huit de chaque côté; elles sont subdivisées par des colonnettes ou meneaux. L'arc ogival qui les surmonte est rempli d'ornements à jour; au-dessus, règne la même décoration que sur la façade principale.

« Le transept du côté du sud fait voir une façade tellement charmante et élégante, qu'on aimerait la voir exécuter pour la cathédrale la plus somptueuse. La partie latérale est surmontée d'une très grande et admirable fenêtre qui occupe presque tout l'espace du transept; elle est entièrement ouvragée à jour et flanquée de jolis arcs-boutants pleins d'ornements, ce qui forme une ravissante perspective qu'on ne se lasse d'admirer.

« Le chevet a la forme polygonale et est couronné, à sa partie supérieure, de la même façon que les autres côtés du temple. Au fond du chevet, on a placé dix fenêtres en deux rangées. Quand on monte sur l'édifice et qu'on regarde l'extrados des voûtes, on voit la forme parfaite de la croix du plan de cette église. Pour aller au faîte de ce monument, il faut monter par deux escaliers à hélice ayant cent vingt marches.

« L'intérieur du temple a un aspect grandiose. On est vivement impressionné en entrant dans cette église, on éprouve un grand saisissement en contemplant une si sublime construction. C'est dans cette partie de l'édifice qu'apparaît l'idée noble de l'architecte. On remarque le talent avec lequel il a calculé les résistances des points d'appui pour une si considérable élévation; les proportions de hauteur étant en rapport avec les dimensions de surface de cet édifice, toutes ses parties forment un tout homogène, où l'art s'unit au bon goût pour donner une admirable magnificence à sa décoration, sans altérer la simplicité de la construction. »

Ce que je me permettrai, Messieurs, de vous faire remarquer dans l'église de Batalha, ce qui frappe surtout dans l'ensemble, c'est la planimétrie des parties supérieures à peine rompue par les pinacles en pyramide et les couronnements des escaliers du transept. Là, pas de hautes tours pour accuser au loin l'église, pas de toitures apparentes. C'est, à vrai dire, une architecture quelque peu raide et froide, en raison même de sa correction, et qui semble plutôt transplantée en Portugal que produite directement par le génie de ce pays méridional. Le plan se fait remarquer par une rectitude rare à cette époque et une harmonie parfaite dans les proportions de toutes les parties. Le cloître, de 50 mètres de côté, accolé à l'église, est remarquable par un style plus libre et la variété des ajourées qui ferment à demi son ordonnance d'arcatures. Ces ajourées ou claustra rappellent bien l'art oriental d'où elles dérivent. Curieuses par l'invention du dessin et la souplesse de l'exécution, elles sont taillées dans un calcaire tendre pris dans une carrière voisine, mais que le temps affermit. S'il vous plaît, Messieurs, d'étudier cet art de transition qui prépare celui de Belem, c'est à l'Exposition encore que vous pourrez le faire facilement en consultant les habiles restitutions de M. Pascal. Dans la chapelle du fondateur, Jean Ier, se trouvent son tombeau et celui de sa femme, Philippa de Lancastre.

Les figures sculptées du roi et de la reine se donnant la main sont étendues sur des sarcophages en marbre blanc et rehaussées de peintures et de dorures. Alentour, sur les murs, on voit la devise royale souvent répétée. Cette devise, française : « Il me plaît, » est peut-être un peu absolue, mais il faut ajouter qu'elle alterne avec la devise portugaise : « Por ben, » c'est-à-dire pour le bien. La seconde corrige la première ; en les rapprochant, tout est pour le mieux.

La salle du chapitre forme un carré parfait de 17 mètres de côté. Elle est surmontée d'une voûte en pierre de taille qui a offert de grandes difficultés de construction, sans doute aussi parce qu'on en élevait peu dans ce pays. Du reste, élever une voûte sur un carré de 17 mètres de côté n'était pas chose facile, et Matteo Fernandez ne réussit pas du premier coup. Une première fois, la voûte s'écroula sur les ouvriers occupés à sa construction ; mais le roi, s'appuyant sur sa devise : « Il me plaît, » fit recommencer le travail et cette seconde fois encore la voûte s'écroula. Le roi voulut persister, mais, pour ne pas sacrifier des vies utiles, il chargea des condamnés à mort des travaux de cette voûte qui, cette fois, épargna la vie de misérables et tint bon. Cette *casa do capitulo*, de style sévère, de belle proportion, est une des parties les plus intéressantes du couvent de Batalha ; malheureusement, je n'ai pas de photographies qui puissent vous la faire connaître.

En arrière de l'église et mise en communication avec l'abside par une grande baie cintrée d'une incomparable richesse de sculpture, se trouve une chapelle octogonale appelée *la chapelle imparfaite*.

Cette chapelle n'est montée, en effet, que jusqu'à la base des voûtes ; le roi don Manoël l'avait fait élever pour sa sépulture ; elle devait être une merveille et les prodiges de sculpture et d'ornementation y sont tels qu'il y a même excès dans la décoration. Toute mesure disparaît, c'est l'étonnement cherché, les courbes s'entre-croisent et se font opposition d'une façon étrange et facilement critiquable. Mais c'est cependant une œuvre rare et qui serait tout à fait grandiose si la voûte merveilleuse qui devait la couvrir n'en était pas restée à son point de naissance.

Dans cette chapelle se trouvent encore certaines devises qui expriment l'esprit d'aventure qui domine chez les Portugais à cette époque et peint bien la préoccupation particulière du roi Manoël. On y voit, par exemple, une inscription ainsi conçue : « Tanias crei » qu'on a eu beaucoup de peine à expliquer. On a reconnu pourtant qu'elle devait venir du grec et qu'elle signifiait : « Va découvrir des régions inconnues ! » En effet, pendant que le roi Manoël élevait cette chapelle merveilleuse, Vasco de Gama découvrait une nouvelle route vers les Indes et franchissait le cap des Tempêtes. Aussi, quand il revint, le roi don Manoël, enthousiasmé de cette découverte, abandonna-t-il bien vite les travaux de cette chapelle pour faire commencer ceux de l'église de Belem et accomplir le vœu qu'il avait fait. Pour activer les travaux, il retira tous les ouvriers qui travaillaient à la chapelle en cours de construction, et c'est pourquoi cette chapelle est restée imparfaite.

Je devrais, Messieurs, vous parler encore des belles verrières de l'église et des chapelles, des richesses de la porte principale, de celle dite *Travessa*, qui, superbe et puissante, s'ouvre sur l'extrémité du transept droit ; mais je ne suis ici qu'un guide improvisé, et j'ai hâte de laisser M. da Silva vous expliquer lui-même ce qu'est aujourd'hui la restauration entreprise de ce vaste ensemble de constructions.

## III.

« Pendant plus de quatre siècles, on a négligé de réparer les dégâts causés par la main du temps aux ornements et aux vitraux dans l'intérieur du temple. Les moines ont beaucoup contribué à détruire l'aspect architectonique de ce monument, soit en mutilant les fenêtres, en en bouchant certaines parties, soit en coupant les colonnes du chevet pour y placer de vilains dossiers de chaises en bois peint, soit en altérant les belles croisées du transept en les bouchant avec des retables en bois de mauvais goût. Non contents de toutes ces vilaines altérations, ils ont poussé le vandalisme jusqu'à casser les sculptures et arracher les portraits des saints peints sur les vitres, pour en faire des cadeaux ou recevoir des récompenses en échange de ces mutilations, pour satisfaire la convoitise des brocanteurs. L'action des pluies a aussi causé tant de ruines sur les voûtes, qu'en 1836, étant accompagné de M. le comte de Lavradio pour examiner les monuments de la province de l'Estramadure, nous eûmes le chagrin de voir les bas côtés de cette église tout remplis d'eau de pluie, qui avait passé à travers les joints des pierres des voûtes! Dans le cloître royal, les ravissants ornements à jour qui remplissaient les grandes arcades ogivales étaient en grande partie brisés. La superbe chapelle du roi fondateur était sans coupole, celle-ci ayant été détruite par le grand tremblement de terre de 1755. Ce n'est qu'en 1840 qu'on a commencé à restaurer ce bel édifice religieux, et l'on continue encore les travaux.

« La restauration de ce fameux monument se fait en tout l'édifice; car le peu de soin qu'on avait eu pour sa conservation, le manque de vénération pour son architecture si méconnue et le peu de scrupule à pratiquer des actes de vandalisme étaient si extraordinaires et si déplorables que la solidité et l'aspect grandiose et décoratif de l'édifice en souffraient considérablement. Non seulement on avait mutilé les colonnes des piliers des nefs, bouché les fenêtres du chœur, laissé tomber en ruines les contreforts, démoli les arcades du cloître, avec leurs ornements à jour, pour y adosser des cabanes, mais encore les eaux de pluie avaient charrié des terres qui venaient remplir le parvis de l'église au point d'embarrasser l'entrée du temple. D'ailleurs, comme l'édifice est entouré de collines, pendant l'hiver les eaux forçaient le passage à travers les dalles qui couvraient le sol des nefs, à tel point que toute l'église en était inondée sans qu'il fût possible de dire la messe! La charmante aiguille gothique placée sur le fond du chœur, avec ses six faces toutes remplies d'ornements à jour, était aussi détruite jusqu'à sa base quadrangulaire. Les claveaux des voûtes avaient éclaté, pour la plupart à cause des crampons de fer. Des vitres étaient brisées et d'autres enlevées. C'était une honte pour le pays, un déshonneur pour les beaux-arts en Portugal, de laisser dans cet état délabré le seul édifice ogival qu'on aurait dû conserver intact comme le plus glorieux souvenir de notre indépendance et le modèle le plus parfait d'architecture qui se trouvait en Portugal.

« Heureusement S. M. le roi Ferdinand étant allé visiter ce monument, et ayant justement blâmé l'abandon dans lequel on l'avait laissé depuis si longtemps, ordonna de commencer aussitôt sa restauration et voulut y contribuer par une subvention annuelle : c'est depuis cette époque qu'on a entamé les travaux.

« L'habile architecte portugais, M. le chevalier Santos Pereira, a dirigé tous les travaux avec beaucoup d'intelligence, ayant mis tout le soin nécessaire à remettre les parties ruinées dans leur état primitif, en suivant fidèlement le caractère d'architecture de cet édifice; l'exécution de tous ces travaux a été conduite avec la plus grande perfection. Il a fait construire un fossé qui fait le contour du temple, pour recevoir les eaux de pluie et aller les déverser loin de l'édifice; il a remplacé les crampons de fer par d'autres de bois d'olivier; la place devant le parvis de l'église a été rabaissée, afin d'éviter que les terres puissent être charriées, comme cela arrivait auparavant, et en même temps pour faire voir plus facilement l'aspect de cet édifice et en contempler toute la grandeur et la beauté.

« La nouvelle aiguille pyramidale est un chef-d'œuvre de sculpture dû au dessin de l'insigne architecte, ainsi que la partie restaurée de la chapelle sépulcrale, qui a été refaite dans toutes ses parties avec un grand savoir-faire, et toujours en suivant fidèlement le caractère et le style de l'ancien monument. Aussi, si nous regrettons amèrement que la restauration d'un autre magnifique monument, — qui date de l'an 1500 et qui est justement vanté comme le spécimen le plus caractéristique de l'architecture nationale, — que la reconstruction de l'église et du couvent de *Belem* ait été si déplorablement exécutée (M. da Silva fait ici allusion à une modification du chœur de l'église du couvent de Belem, exécutée à la fin du siècle dernier par un architecte anglais sur la demande des moines, chœur dans lequel, à la place de l'ordonnance gothique, on a disposé une ordonnance dans le style classique de la fin du siècle dernier, ce qui n'est pas peu dire), nous aurons du moins la gloire de dire que c'est un architecte portugais qui, en 1878, a su faire l'importante restauration du monument de Batalha avec un talent incontestable. Il n'a pas eu la maladresse d'ôter du mérite architectural de la primitive construction, ni la sotte vanité de vouloir changer le style du monument pour flatter son amour-propre; mais il a su comprendre qu'il s'agissait de faire respecter l'édifice et le célèbre modèle original de son architecture. Je suis heureux et même fier de solliciter dans ce Congrès tant de confrères distingués qui m'écoutent; je les prie de vouloir bien se joindre à moi pour rendre ici, par un témoignage de sincère confraternité, hommage à l'architecte, M. Santos Pereira, pour le savoir dont il a fait preuve en restaurant le superbe monument dédié à Notre-Dame de la Victoire, c'est-à-dire le couvent de Batalha en Portugal, et si, par votre judicieux discernement, vous le croyez digne de vos suffrages, qu'il reçoive vos applaudissements pour les travaux archéologiques qu'il a dirigés avec tant de talent et d'intelligence. » (Applaudissements.)

Je suis certain, Messieurs, que le Bureau se fera un plaisir et un devoir de transmettre vos applaudissements à notre honoré confrère, M. le commandeur da Silva, et à son collègue, M. Santos Pereira. Pour mon compte, je remercie M. le commandeur da Silva du plaisir qu'il m'a procuré en m'entraînant à étudier, trop rapidement, hélas! les monuments du Portugal, et je suis heureux de la bonne occasion qu'il m'a donnée de faire ce voyage en votre bienveillante compagnie. (Nouveaux applaudissements.)

M. le Président. Messieurs, nous remercions vivement M. Paul Sédille de la conférence qu'il vient de nous faire sur le Portugal et ses beaux monuments, conférence à laquelle il a su donner un si grand intérêt. Le Bureau se fera un plaisir d'être votre interprète auprès de nos honorés confrères portugais, MM. da Silva et Santos Pereira, et leur transmettra vos applaudissements. (Adhésion unanime.)

La parole est à M. Charles Lucas.

M. Charles Lucas. Messieurs, avant de vous laisser quitter le Portugal, je vous demanderai la permission de vous communiquer : 1° *une légende*, celle de la mort de Maître Matheus Fernandez, en vous avouant qu'elle a été parfois attribuée à Alphonse Dominguez; 2° *un dessin*, le dernier que j'ai reçu de notre honoré confrère M. da Silva.

La légende diffère un peu de celle que mon cher camarade Paul Sédille vient de vous raconter au sujet du décintrement de la voûte surbaissée de la *Salle du chapitre du couvent de Batalha*.

Suivant les documents recueillis en partie auprès de M. le commandeur da Silva, il y a une dizaine d'années déjà, lors du Congrès international de 1867, et suivant aussi les ouvrages que j'ai consultés pour écrire mon *Aperçu rapide de l'histoire de l'architecture en Portugal*, Alphonse Dominguez ou plutôt Matheus Fernandez aurait perdu la vue à la suite du tracé de l'épure de la voûte de la salle capitulaire, et, lorsqu'on opéra le décintrement de cette voûte, elle s'écroula; mais, dans ma version, plus de souverain s'appuyant sur la fière devise: «Il me plaît» et risquant de sacrifier la vie même de condamnés à mort, il n'y a plus que l'artiste qui, ressentant un profond chagrin de cet échec, fit demander les claveaux qui semblaient être la cause de cet accident et n'eut pas de peine à reconnaître au toucher les défectuosités de l'appareil et le vice de la construction. Alors il fit recommencer, sur le tracé primitif, la coupe des claveaux, faisant vœu à Notre-Dame de Batalha de passer en prières la première nuit qui suivrait le décintrement de cette nouvelle voûte. Lorsque cette opération eut lieu, les ouvriers, craignant un nouvel accident, abandonnèrent l'artiste qui, plein de confiance en son talent et ses prières, accomplit son vœu, malgré la rigueur de la température et son âge fort avancé (il avait alors plus de quatre-vingt-neuf ans). Aussi le lendemain matin, les ouvriers arrivant au travail furent-ils étonnés et consternés à la fois de voir que la Vierge avait exaucé les prières de l'habile constructeur, mais qu'il était mort au moment même de son triomphe. Car la voûte n'était lézardée en aucun point, mais l'artiste, victime de son vœu, était mort de froid pendant la nuit. Ainsi mourut le

10 avril 1515 (comme l'exprime l'inscription sculptée sur son tombeau, lequel est placé au bas des degrés intérieurs de la porte d'entrée principale) :

*Matheus Fernandez, vassal du Roi, juge ordinaire de la ville du monastère de Sainte-Marie de la Victoire et maître des travaux dudit monastère, nommé par le Roi.*

Insigne de la Société royale des Architectes civils et des Archéologues portugais.
(LISBONNE. — MDCCCLXIII.)

Quant au dessin, il a un intérêt tout particulier pour les architectes, membres de sociétés d'architecture en France ou à l'étranger, et qui peuvent s'être plus ou moins préoccupés de symboliser les sociétés d'architecture ou les sociétés d'archéologie. M. le commandeur da Silva, pressé par le roi don Ferdinand de Portugal de symboliser la Société royale des Architectes civils et Archéologues portugais, a composé ce dessin que vous pouvez examiner et sur lequel ce bijou a été réalisé à Paris sous ma direction [1]. Ce dessin se compose du serpent, emblème de la science; de la hache en pierre préhistorique, emblème de l'archéologie, et enfin d'une reproduction de la façade du temple de Diane à Éphèse, au IV° siècle avant notre ère. Ce temple, qui se trouve ici gravé en argent sur fond d'or, — et c'est un intérêt de plus pour nous, — est le même que l'on voit reproduit d'après une médaille antique, dans l'architecture numismatique de notre honoré confrère anglais, M. le professeur Donaldson.

---

[1] Le bijou a été exécuté par M. Coutand, graveur-bijoutier de la Société royale des Architectes civils et Archéologues portugais, à Paris.

Dans les lignes du fronton se trouvent, abrégés en langue portugaise, le nom de la Société, celui de la ville de Lisbonne et la date de la fondation :

REAL.ASSOC.DOS.ARCHIT.CIVIS.<br>
E.ARCHEOL.PORTUG.<br>
LISBOA.<br>
MDCCCLXIII.

(Real Associação dos Architectos Civis e Archeologos Portuguezes.)

Je dois vous dire que des anneaux rivés derrière le bijou servent à passer une ganse ornementée d'argent et d'azur, qui sont les couleurs nationales du Portugal.

Permettez-moi, Messieurs, d'ajouter encore un mot sur notre honoré confrère M. da Silva. C'est un philanthrope; il s'est occupé, en Portugal, de la réorganisation du personnel du bâtiment. Une des correspondances les plus sérieuses qu'il m'ait été donné de lire sur ce sujet a été toute la correspondance échangée, il y a sept ou huit ans, entre notre honoré confrère, M. le commandeur da Silva, et notre regretté président, M. Baltard. C'est à M. Baltard que M. da Silva a demandé comment étaient organisés ou plutôt comment étaient subventionnés, en France, les asiles du Vésinet et de Vincennes, et c'est à la suite des communications de M. Baltard que le commandeur da Silva a créé à Lisbonne une sorte d'*albergo* pour les ouvriers infirmes, âgés ou convalescents à la suite de maladies contractées dans les travaux. Cette création, qui n'existait pas en Portugal et où, nous devons le dire, notre généreux confrère a dû commencer par mettre quelque peu de ses économies personnelles avant de la voir subventionner par le Gouvernement et par la municipalité, me paraît digne d'être rappelée ici, dans un Congrès d'architectes où nous devons tous nous préoccuper de l'avenir de nos collaborateurs ouvriers.

La séance est levée à dix heures après les remerciements adressés par M. le Président à M. Ch. Lucas pour son intéressante improvisation.

(Voir ci-contre une *note* et *cinq plans* des principales églises du Portugal.)

# NOTE.

## CINQ PLANS DES PRINCIPALES ÉGLISES DU PORTUGAL.

L'étude qui précède, sur quelques monuments du Portugal, étude lue et complétée par notre confrère M. Paul Sédille, était déjà imprimée lorsque nous avons reçu de notre éminent confrère, M. le commandeur da Silva, une photographie représentant les plans réduits de cinq églises :

Église du couvent d'Alcobaça,
Église du couvent de Batalha,
Cathédrale de Braga,
Cathédrale de Porto,
Cathédrale de Lisbonne,

plans qui composent la première planche de son *Parallèle des plans des principales églises du Portugal*. Nous avons cru devoir, malgré le retard de cet envoi, faire reproduire ces plans pour les porter à la connaissance des membres du Congrès, en les accompagnant de quelques notes prises, soit dans les lettres de M. le commandeur da Silva, soit dans nos notes personnelles sur l'*Architecture en Portugal*[1].

Pour l'*église du couvent d'Alcobaça* et l'*église du couvent de Batalha*, déjà décrites plus haut par M. Paul Sédille, d'après M. da Silva, nous nous bornerons, en rappelant ces brillantes descriptions[2], à ajouter plus bas la liste de quelques-uns des architectes auxquels sont dus ces édifices; mais, pour les *cathédrales de Braga*, de *Porto* et de *Lisbonne*, nous accompagnerons leurs plans de notes empruntées surtout aux ouvrages de M. le comte A. Raczynski[3].

Charles Lucas.

[1] In-8°, Paris, Thorin, 1870.
[2] Voir plus haut, p. 5 et 7.
[3] *Les Arts en Portugal et Dictionnaire historico-artistique du Portugal*, 2 vol. in-8°. Paris, Renouard, 1846 et 1847.

## I.

*Église du couvent d'Alcobaça* (voir fig. 1). — Les architectes ou plutôt les *maîtres ès œuvres* dont les noms nous ont été conservés pour le *couvent d'Alcobaça* sont les suivants :

1° Dominguez (Dominique), le premier maître de l'œuvre du cloître, ainsi que l'atteste cette inscription, gravée sur une table de marbre, placée en face de l'entrée du chapitre :

*Sub E. MCCCXLVIII. Idus aprilis Dñus P. Nuni Abbas Monasterij de Alcobatia, posuit primarium lapidem in fundamento claustri ejusdem loci, præsente Dominico Dominici Magistro operis dicti Claustri*, etc.

2° et 3° Fernandez (Mathieu), le père et le fils. Mathieu Fernandez le père est le même auquel est due la salle du chapitre du monastère de Batalha [1]. Cet architecte avait été envoyé en 1508 à Alcobaça, et nous savons que, après sa mort arrivée en 1515, il eut pour successeur son fils, lequel mourut en 1528.

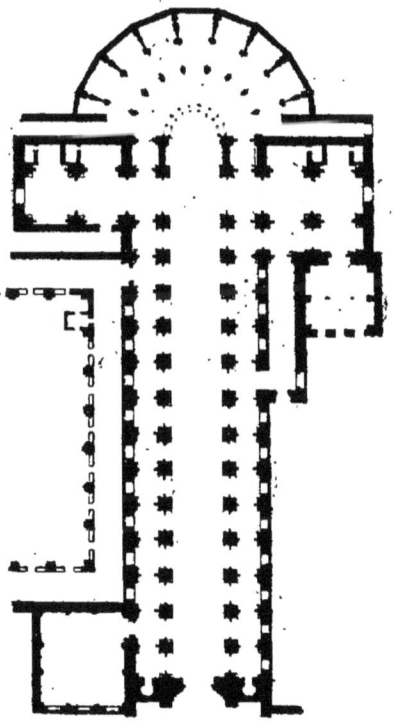

Fig. 1. — Église du monastère d'Alcobaça.

4° Castilho (Jean), gentilhomme de la maison du roi, appelé *le fameux architecte de son temps*, fut chargé, dès 1519, par le roi Emmanuel, des constructions de la

---

[1] Voir plus haut, p. 10 et 13.

sacristie et de la bibliothèque du couvent d'Alcobaça. Dans l'ordonnance qui lui confère ces travaux, il est déjà nommé *maître des constructions du Roi*, et, effectivement, de cette époque à 1581 (date de la mort de cet artiste), nous le voyons occupé tour à tour à Alcobaça, à Belem, à Batalha, à Lisbonne, à Thomar, etc.

5° TURRIANO (frère Jean), bénédictin et professeur de mathématiques à l'Université de Coïmbre, fut appelé, vers le milieu du xvii° siècle, à diriger la construction du monastère d'Alcobaça en même temps que d'autres travaux importants dans les cathédrales de Vizeu et de Lieira, et les travaux des fortifications du royaume.

## II.

*Église du couvent de Batalha* (voir fig. 2). — Un très grand nombre d'architectes ont travaillé au *monastère* et à l'*église de Notre-Dame de Batalha;* ceux dont les noms suivent nous sont seuls connus :

1° DOMINGUEZ (Alphonse). — Un document daté du 7 décembre 1402, c'est-à-dire postérieur de quinze ans environ au commencement des travaux, donne à Alphonse Dominguez (et non Henriquez), lequel était déjà mort à cette époque, le titre de *maître des travaux du monastère;* ce serait donc le premier ou tout au moins l'un des premiers architectes portugais qui y auraient travaillé. Murphy veut, en revanche [1], que le premier maître des travaux de Batalha soit l'Anglais Stephen STEPHENSON, appartenant à la corporation des *free and accepted masons* d'Angleterre, et qui aurait été appelé à Lisbonne par la reine Philippa, femme du roi Jean Ier, fille du duc de Lancastre et petite-fille d'Édouard III d'Angleterre. Hope, autre auteur anglais, cite l'Irlandais David HACKET [2], sinon comme maître de l'œuvre, au moins comme l'un des ouvriers; peut-être ce Hacket est-il le même que Maître Huguet, Huet ou Duguet. (Voir ci-dessous.)

2° MAÎTRE HUGUET, HUET OU DUGUET. — Cité comme témoin dans l'acte concernant Alphonse Dominguez, Maître Huguet aurait été son successeur immédiat, et, suivant divers documents de 1450 et 1451, postérieurs à la mort de cet architecte, le roi don Duarte lui aurait fait donation de la maison qu'il habitait près du couvent, et qui avait été destinée, dès l'origine, à la résidence des maîtres des travaux.

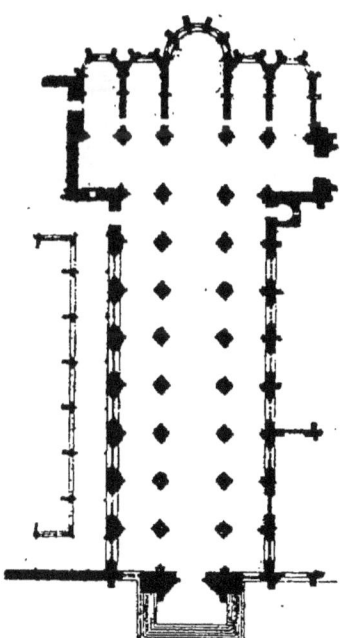

Fig. 2. — Église du monastère de Batalha.

[1] *Travels,* 1795, p. 44. — Voir plus haut, p. 8.
[2] *Histoire de l'architecture,* traduction de A. BARON, in-8°. Bruxelles, 1839.

3° Vasquez (Martins) passe pour le successeur immédiat de Maître Huguet, mais pendant peu de temps, car il était mort en 1448.

4° Evora (Fernao de), neveu de Martins Vasquez, lui succéda en 1448 et resta chargé, jusqu'en 1473, des travaux du monastère.

5° Fernandez (Matheus), le père et le fils. (Voir plus haut, p. 10 et 13, et ci-dessus, p. 17)

6° Henriquez (Philippe) fut chargé d'une partie des travaux de Batalha, vers 1517.

7° Castilho (Jean)[1], né vers 1490, fut nommé, le 4 juin 1528, maître des travaux de Batalha, après la mort de Matheus Fernandez, le fils.

8° Gomez (Antoine), *maçon*, cité comme maître des travaux en 1548.

9° Mendez (Antoine), gentilhomme de la maison royale, *maître des travaux du Roi*, en 1578.

10° Costa (Emmanuel da) fut nommé, en 1690, maître et architecte du monastère de Batalha et du *palais de Salvaterra de Mayos et d'Almeirem*.

11° Carvalho e Negreiros (Joseph-Emmanuel de), fils de l'architecte Eugène dos Santos de Carvalho, naquit en 1751, mourut en 1815, et avait obtenu, en 1804, la patente d'*architecte des palais royaux* et du couvent de Batalha.

12° M. le chevalier Santos Pereira, architecte chargé actuellement des travaux de restauration. (Voir plus haut, p. 12.)

[1] Voir plus haut, p. 17 et 18.

## III.

*Cathédrale de Braga* (voir fig. 3). — L'archevêché de Braga est le siège épiscopal le plus important de l'antique Lusitanie; son titulaire dispute même à celui de Tolède le droit de s'appeler *primat des Espagnes* [1], et, comme celle de Tolède, la cathédrale de Braga a conservé le *rite mozarabe* [2]. C'est un vaste édifice à trois nefs, qui semble remonter en partie au xii° siècle, et qui possède les restes du comte don Henrique, lequel mourut à Astorga en 1112. Cependant cette cathédrale a été restaurée dès le règne de Jean Ier (1385 à 1433) par l'archevêque guerrier don Lourenço.

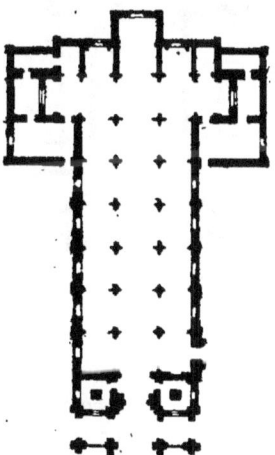

Fig. 3. — Cathédrale de Braga.

On remarque, dans la nef du milieu, un magnifique retable en pierre qui fut fait, dit-on, par des artistes du pays de Biscaye qu'avait appelés l'archevêque don Diego de Souza, le même qui, vers 1530, sous le règne de Jean III, fit rebâtir la *Capella mor*. On y voit aussi, à côté de la porte principale, le tombeau en bronze d'un prince, fils de Jean Ier, mort dans son enfance, tombeau qui avait été fait en Bourgogne, vers 1430, époque du mariage de la sœur de ce prince avec Philippe le Bon. Comme on le voit, les relations des souverains portugais avec les ducs de Bourgogne se continuèrent pendant trois siècles après la création du royaume de Portugal [3].

---

[1] Braga, l'antique *Bracchara Augusta*, est, dit la tradition, la première cité où l'apôtre saint Jacques ait prêché l'Évangile et détruit le collège des Flamines d'où sortaient les prêtres païens qui se répandaient dans la péninsule ibérique. — F. Denis, *L'Univers pittoresque (Portugal)*, in-8°. Paris, Didot, 1846.
[2] Lors de la conquête des Arabes, on avait appelé *Mozarabes* les chrétiens qui, profitant de la tolérance des rois maures, avaient conservé l'exercice de leur culte dans un certain nombre d'églises, dont, entre autres, six à Tolède et une (la cathédrale) à Braga.
[3] Cte A. Raczynski, ouvrages cités.

## IV.

*Cathédrale de Porto* (voir fig. 4). — L'origine de cette cathédrale, dite *la Se*, est très ancienne; mais l'édifice actuel, postérieur de beaucoup à l'institution du siège épiscopal de Porto, remonte seulement à l'origine de la monarchie [1].

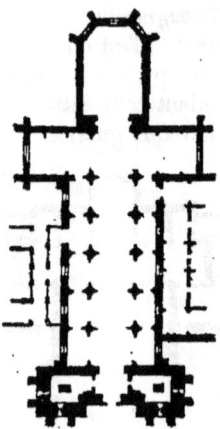

Fig. 4. — Cathédrale de Porto.

« D'après les auteurs portugais, ce serait *Dona Tareja*, femme du comte don Henrique, qui l'aurait fait construire [2]; elle a deux tours latérales, trois nefs, et la voûte est soutenue par des colonnes réunies en faisceaux; mais le caractère originaire de cet édifice a disparu au commencement du dernier siècle sous les restaurations modernes de l'architecte italien *Nicolo Mazoni* ou *Nazzoni* (le même auquel on doit la construction de la haute tour de l'*Église dos Clerigos*). Ces restaurations ont effacé entièrement le caractère primitif de l'ouvrage. Les colonnes, recouvertes de plâtre, ne forment plus de faisceaux, mais sont réunies en une seule masse d'un style indéfinissable et bâtard... Les contreforts de la cathédrale de Porto ont un caractère antique; mais ils sont surmontés de vases modernes [3]. »

Le cloître, fort curieux, quoique ayant subi des additions de toutes les époques, paraît, comme celui de la cathédrale de Lisbonne, remonter au règne du roi *Alphonse IV* [4], et peut-être faut-il attribuer certaines parties du cloître et de la cathédrale à *Domingo Anez* et à *Pero Cerveira*, architectes qui travaillèrent à Porto, de 1425 à 1440 [5].

---

[1] On voit figurer la ville de Porto parmi les évêchés de la péninsule dès le v° siècle, et l'on attribue la construction de la cathédrale primitive au vi° siècle, à l'époque même où le roi suève *Théodemir* aurait reconstruit, dans cette même ville et vers 556, l'*église de Cedofeita* (*cito facta*, la bientôt faite); mais la cathédrale actuelle n'offre pas de parties antérieures à 1092, date de la prise de la ville par don Henrique.

[2] Un escalier, désigné encore aujourd'hui sous le nom d'*Escada da Reinha* et qui servait à faire communiquer la cathédrale avec le palais (aujourd'hui démoli) de dona Tareja, atteste cette tradition.

[3] C.te A. Raczynski, ouvrages cités.

[4] Ce prince succéda au roi don Diniz en 1325 et mourut en 1357.

[5] C.te A. Raczynski, ouvrages cités.

## V.

*Cathédrale de Lisbonne* (voir fig. 5). La cathédrale de Lisbonne, appelée aussi *la Se* et basilique *Santa Maria*, fut longtemps le siège d'un évêché suffragant de l'archevêché de Braga, et ce n'est qu'à l'époque où Jean Ier fonda une nouvelle dynastie qu'elle reçut, en 1393, le titre d'église métropolitaine; mais elle était, dès 1150, sous l'épiscopat de Gilbert, un Anglais qui y fit mettre en usage le bréviaire de Salisbury, un foyer d'études monastiques qui précéda la création de l'Université de Coïmbre. Détruite une première fois par le tremblement de terre de 1344, puis détruite à nouveau et incendiée à la suite du tremblement de terre de 1755, bien peu de parties primitives de cet édifice sont enclavées dans la cathédrale actuelle dont la reconstruction, opérée sur le plan primitif, date de 1767.

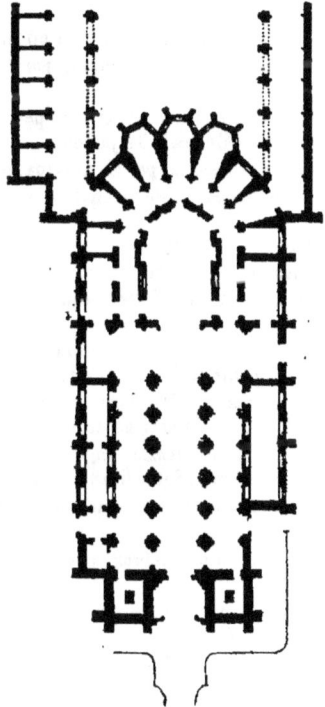

Fig. 5. — Cathédrale de Lisbonne.

Les grands souvenirs religieux ou historiques abondent dans cette cathédrale; mais les monuments modernes qui les rappellent n'ont pas le caractère des époques primitives [1].

[1] Consulter F. Denis, *Portugal*, déjà cité.

# NOMENCLATURE DES CONFÉRENCES FAITES AU PALAIS DU TROCADÉRO,
## PENDANT L'EXPOSITION UNIVERSELLE DE 1878.

### 1er VOLUME.

#### INDUSTRIE. — CHEMINS DE FER. — TRAVAUX PUBLICS. — AGRICULTURE.

Conférence sur les **Machines Compound** à l'Exposition universelle de 1878, comparées aux machines Corliss, par M. DE FRÉMINVILLE, directeur des constructions navales, en retraite, professeur à l'École centrale des arts et manufactures. (Lundi 8 juillet.)

Conférence sur les **Moteurs à gaz** à l'Exposition de 1878, par M. Jules ARMENGAUD jeune, ingénieur civil. (Mercredi 14 août.)

Conférence sur la **Fabrication du gaz d'éclairage**, par M. ABSON, ingénieur de la Compagnie parisienne du gaz. (Mardi 16 juillet.)

Conférence sur l'**Éclairage**, par M. SERVIER, ingénieur civil. (Mercredi 21 août.)

Conférence sur les **Sous-produits dérivés de la houille**, par M. BERTIN, professeur à l'Association polytechnique. (Mercredi 17 juillet.)

Conférence sur l'**Acier**, par M. MANCHÉ, ingénieur civil. (Samedi 20 juillet.)

Conférence sur le **Verre**, sa fabrication et ses applications, par M. CLÉMANDOT, ingénieur civil. (Samedi 27 juillet.)

Conférence sur la **Minoterie**, par M. VIGREUX, ingénieur civil, répétiteur faisant fonctions de professeur à l'École centrale des arts et manufactures. (Mercredi 31 juillet.)

Conférence sur la **Fabrication du savon de Marseille**, par M. ARNAVON, manufacturier. (Samedi 3 août.)

Conférence sur l'**Utilisation directe et industrielle de la chaleur solaire**, par M. Abel PIFRE, ingénieur civil. (Mercredi 28 août.)

Conférence sur la **Teinture et les différents procédés employés pour la décoration des tissus**, par M. BLANCHE, ingénieur et manufacturier, membre du Conseil général de la Seine. (Samedi 21 septembre.)

Conférence sur la **Fabrication du sucre**, par M. VIVIEN, expert-chimiste, professeur de sucrerie. (Samedi 14 septembre.)

Conférence sur les **Conditions techniques et économiques d'une organisation rationnelle des chemins de fer**, par M. VAUTHIER, ingénieur des ponts et chaussées. (Samedi 13 juillet.)

Conférence sur les **chemins de fer sur routes**, par M. CHABRIER, ingénieur civil, président de la Compagnie des chemins de fer à voie étroite de la Meuse. (Mardi 24 septembre.)

Conférence sur les **Freins continus**, par M. BANDERALI, ingénieur inspecteur du service central du matériel et de la traction au Chemin de fer du Nord. (Samedi 28 septembre.)

Conférence sur les **Travaux publics aux États-Unis d'Amérique**, par M. MALÉZIEUX, ingénieur en chef des ponts et chaussées. (Mercredi 7 août.)

Conférence sur la **Dynamite et les substances explosives**, par M. ROUX, ingénieur des manufactures de l'État. (Samedi 10 août.)

Conférence sur l'**Emploi des eaux en agriculture par les canaux d'irrigation**, par M. DE PASSY, ingénieur en chef des ponts et chaussées, en retraite. (Mardi 13 août.)

Conférence sur la **Destruction du phylloxera**, par M. ROHART, manufacturier chimiste. (Mardi 9 juillet.)

### 2e VOLUME.

#### ARTS. — SCIENCES.

Conférence sur le **Palais de l'Exposition universelle de 1878**, par M. Émile TRÉLAT, directeur de l'École spéciale d'architecture. (Jeudi 25 juillet.)

Conférence sur l'**Utilité d'un Musée des arts décoratifs**, par M. René MÉNARD, homme de lettres. (Jeudi 22 août.)

Conférence sur le **Mobilier**, par M. Émile TRÉLAT, directeur de l'École spéciale d'architecture. (Samedi 24 août.)

Conférence sur l'**Enseignement du dessin**, par M. L. CERNESSON, architecte, membre du Conseil municipal de Paris et du Conseil général de la Seine. (Samedi 31 août.)

Conférence sur la Modalité dans la musique grecque, avec des exemples de musique dans les différents modes, par M. Bourgault-Ducoudray, grand prix de Rome, membre de la Commission des auditions musicales à l'Exposition universelle de 1878. (Samedi 7 septembre.)

Conférence sur l'Habitation à toutes les époques, par M. Charles Lucas, architecte. (Lundi 9 sept.)

Conférence sur la Céramique monumentale, par M. Sédille, architecte. (Jeudi 19 septembre.)

Conférence sur le Bouddhisme à l'Exposition de 1878, par M. Léon Feer, membre de la Société académique indo-chinoise. (Jeudi 1er août.)

Conférence sur le Tong-King et ses peuples, par M. l'abbé Durand, membre de la Société académique indo-chinoise, professeur des sciences géographiques à l'Université catholique. (Mardi 27 août.)

Conférence sur l'Astronomie à l'Exposition de 1878, par M. Vinot, directeur du *Journal du Ciel*. (Jeudi 18 juillet.)

Conférence sur les Applications industrielles de l'électricité, par M. Antoine Breguet, ingénieur-constructeur. (Jeudi 8 août.)

Conférence sur la Tachymétrie. — Réforme pédagogique pour les sciences exactes. — Rectification des fausses règles empiriques en usage, par M. Lagout, ingénieur en chef des ponts et chaussées. (Mardi 10 sept.)

Conférence sur les Conditions d'équilibre des poissons dans l'eau douce et dans l'eau de mer, par M. le docteur A. Moreau, membre de l'Académie de médecine. (Mercredi 25 septembre.)

## 3ᵉ VOLUME.

ENSEIGNEMENT. — SCIENCES ÉCONOMIQUES. — HYGIÈNE.

Conférence sur l'Enseignement professionnel, par M. Corbon, sénateur. (Mercredi 10 juillet.)

Conférence sur l'Enseignement des sourds-muets par la parole (méthode Jacob Rodrigues Pereire) et l'application de la méthode aux entendants-parlants, par M. F. Hément, inspecteur de l'enseignement primaire. (Jeudi 11 juillet.)

Conférence sur l'Enseignement des sourds-muets dans les écoles d'entendants, par M. E. Grosselin, vice-président de la Société pour l'enseignement simultané des sourds-muets et des entendants-parlants. (Jeudi 12 septembre.)

Conférence sur la Gymnastique des sens, système d'éducation du jeune âge, par M. Constantin Dally, professeur à Vienne (Autriche). (Lundi 19 août.)

Conférence sur l'Unification des travaux géographiques, par M. de Chancourtois, ingénieur en chef au corps des Mines, professeur de géologie à l'École nationale des Mines. (Mardi 3 septembre.)

Conférence sur l'Algérie, par M. Allan, publiciste. (Mardi 17 septembre.)

Conférence sur l'Enseignement élémentaire de l'Économie politique, par M. Frédéric Passy, membre de l'Institut. (Dimanche 25 août.)

Conférence sur les Institutions de prévoyance, d'après le Congrès international, au point de vue de l'intérêt français, par M. de Malarce, secrétaire perpétuel de la Société des Institutions de prévoyance de France. (Lundi 16 septembre.)

Conférence sur le Droit international, par M. Ch. Lemonnier, président de la Ligue internationale de la paix et de la liberté. (Mercredi 18 septembre.)

Conférence sur les Causes de la dépopulation, par M. le docteur A. Despres, professeur agrégé à la Faculté de médecine, chirurgien de l'hôpital Cochin. (Lundi 26 août.)

Conférence sur le Choix d'un état au point de vue hygiénique et social, par M. Placide Couly, ancien membre de la Commission du travail des enfants dans les manufactures. (Mardi 30 juillet.)

Conférence sur les Hospices marins et les Écoles de rachitiques, par M. le docteur de Pietra-Santa, secrétaire de la Société française d'hygiène. (Mardi 23 juillet.)

Conférence sur le Tabac au point de vue hygiénique, par M. le docteur A. Riant. (Mardi 20 août.)

Conférence sur l'Usage alimentaire de la viande de cheval, par M. E. Decroix, vétérinaire principal, fondateur du Comité de propagation pour l'usage alimentaire de la viande de cheval. (Jeudi 26 septembre.)

---

Avis. — On peut se procurer chaque volume à l'**Imprimerie Nationale** (rue Vieille-du-Temple, n° 87) et dans toutes les librairies, au fur et à mesure de l'impression.

www.ingramcontent.com/pod-product-compliance
Lightning Source LLC
Chambersburg PA
CBHW070529050426
42451CB00013B/2921